地理

洋洋兔 编绘

泰山出版社 · 济南 ·

图书在版编目（CIP）数据

地理 / 洋洋兔编绘．-- 济南 ：泰山出版社，
2020.12
（漫游中国系列）
ISBN 978-7-5519-0117-8

Ⅰ．①地… Ⅱ．①李… ②洋… Ⅲ．①地理－中国－
儿童读物 Ⅳ．①K92-49

中国版本图书馆 CIP 数据核字（2020）第 219310 号

责任编辑 池 骋
装帧设计 洋洋兔

DILI
地 理

出版发行：泰山出版社
社　　址：济南市泺源大街 2 号　邮编：250014
电　　话：综 合 部（0531）82023579　82022566
市场营销部（0531）82025510　82020455
网　　址：www.tscbs.com
电子信箱：tscbs@sohu.com
印　　刷：朗翔印刷（天津）有限公司
开　　本：190mm×210mm　24 开
印　　张：1.5
字　　数：80 千字
版　　次：2021 年 1 月第 1 版
印　　次：2021 年 1 月第 1 次印刷
标准书号：ISBN 978-7-5519-0117-8
定　　价：20.00 元

目录

可爱的祖国，我来啦！
这里是大公鸡的头，这里是肚子，这里是尾巴……原来中国这么大！

走，去看看祖国这只“大公鸡”

中国位于亚洲的东部，太平洋的西岸，从地图上看，就像一只昂首阔步的大公鸡。这只大公鸡不仅漂亮，面积还很大，光陆地面积就有960多万平方千米呢！

辽阔的国土面积带来了多种多样的地形地貌、自然景观和风土人情。这里既有白雪皑皑的北国风光，也有碧水蓝天的热带海岛；既有风景如画的江南小镇，也有沟壑纵横的黄土高坡；既有牛羊成群的绿色草原，也有寸草不生的茫茫大漠。

这里美丽富饶、山河壮丽、人口众多、民族团结，这里就是我们可爱的祖国——中国。想不想和灿烂熊与阿朵朵一起，踏上一场激动人心的祖国之旅呢？还等什么？现在就出发吧！

北方地区

位置

大兴安岭、青藏高原以东，内蒙古高原以南，秦岭—淮河以北，东临渤海和黄海。

地形

东北平原、华北平原、黄土高原。

气候

最冷月平均气温 0℃以下，东北地区最冷月平均气温大约为 −20℃，最北端的漠河最低气温的记录是 −52.3℃；最热月平均气温 20℃以上。

特色

“白山黑水”、世界最大的黄土堆积区、祖国的首都。

“白山黑水”——东北三省

东北三省是我国最北和最东的地区，包括黑龙江省、吉林省和辽宁省。这里冬季寒冷漫长，冷到泼水成冰，是观赏冰雕的好地方。

如此寒冷的东北三省却是山环水绕、沃野千里。高高耸起的山地中间围着一大片平原，像一只刚落地的马蹄。大兴安岭、小兴安岭上覆盖着林海，里面藏着不少宝贝。听说过东北三宝吗？它们分别是貂皮、人参和鹿茸。

为什么东北三省叫“白山黑水”呢？因为这里有千山万水，最有名的山是长白山，最有名的水是黑龙江。山水之间的黑土地上种满了庄稼，曾经沼泽遍布的“北大荒”则变成了现在粮食丰收的“北大仓”。

祖国的首都

走出东三省，踏入山海关，来到华北平原，祖国的心脏，我们的首都——北京在这里。说到北京，你能想到什么呢？天安门广场、人民大会堂、故宫、四合院、北京烤鸭、豆汁儿、焦圈，还是鸟巢、水立方？

故宫

长城　天坛

以上这些都是北京的符号。北京是一座有着 3000 多年历史的古都，其历史可以追溯到西周时期。后来，北京渐渐地变成了国家的都城，留下了许多名胜古迹。

水立方

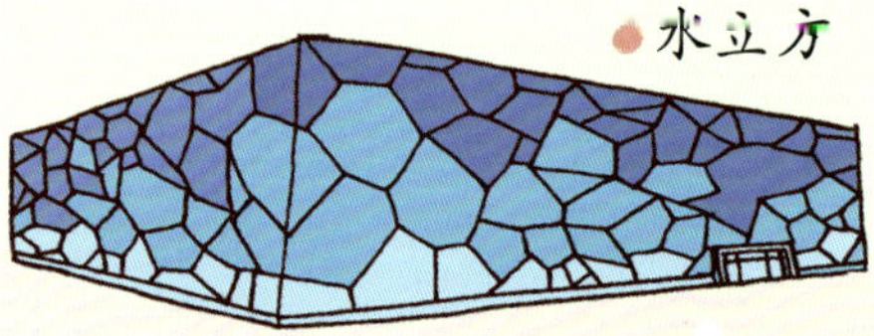

北京也是一座现代化的国际大都市。2008 年这里成功举办了第二十九届夏季奥林匹克运动会，2022 年又将携手张家口举行第二十四届冬季奥林匹克运动会。

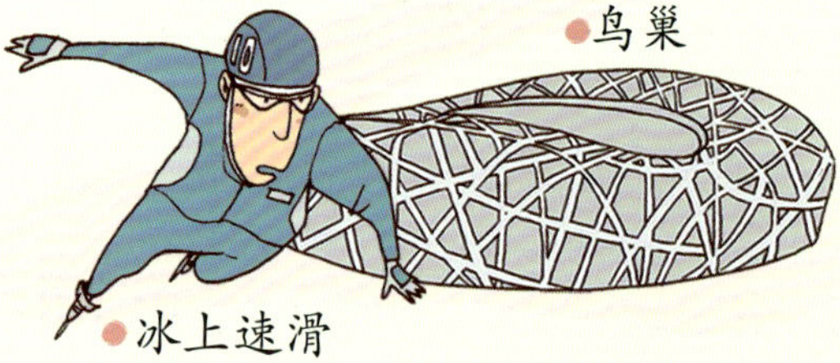

鸟巢

冰上速滑

黄土高原

华北平原西侧横亘着一座太行山，越过太行山就是千沟万壑的黄土高原，黄土高原上奔流着中华民族的母亲河——黄河。疏松肥沃的黄土地非常适合耕种，早在六七千年前，华夏始祖炎黄二帝便在这里开创了华夏文明的先河。

炎帝　黄帝

壶口瀑布

信天游　安塞腰鼓

悠久的历史和独特的自然环境让这里的生活富有特色。人们在黄土高原上开凿窑洞作民居，制作各式各样的美味面食，兴致来了再高歌一曲陕北民歌——信天游。

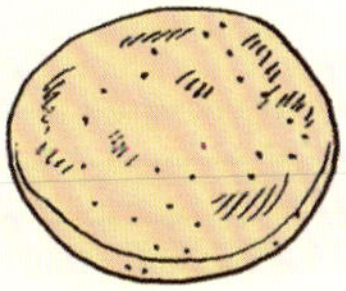

锅盔

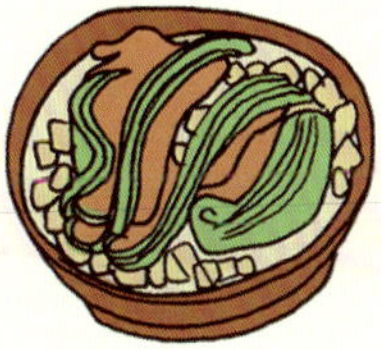

羊肉泡馍

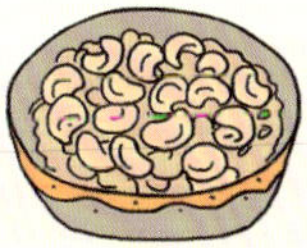

猫耳朵

山西刀削面

南方地区

位置

秦岭—淮河以南，青藏高原以东，东面和南面分别濒临黄海、东海和南海。

地形

西部以高原和盆地为主，东部有平原、低山、丘陵，沿海有面积较大的平原和三角洲。

气候

最热月平均气温为 28℃～ 30℃，最冷月平均气温在 0℃以上。

特色

红土地、“鱼米之乡”。

鱼米之乡

滚滚的长江向东入海前，冲积出了一大块三角地带，这就是我们常说的长江三角洲地区。这里土壤肥沃，适宜种植水稻；这里河湖众多，淡水鱼种类丰富，自古以来便是我国的“鱼米之乡”。

京杭大运河是一条重要的水路，把黄河、淮河、长江、钱塘江四大水系贯通起来，对长江三角洲与北方地区的经济交流起到了巨大作用。今天我们仍能看到运河上繁忙的船只。

周庄

西塘

钱塘江大潮

苏州拙政园

长江三角洲地区风景如画，在江苏可赏闹中取静的苏州园林，在浙江可观气势磅礴的钱塘江潮，还可置身似诗如画的水乡古镇，体味“上有天堂，下有苏杭”的美景。江苏和浙江之间夹着一颗宝珠——上海市，它是一座国际大都市，十分发达。

诗

忆江南

〔唐〕白居易

江南好，风景旧曾谙。
日出江花红胜火，春来江水绿如蓝。能不忆江南？

上海东方明珠塔和上海迪士尼乐园

最热的地方

一条北回归线穿过了台湾省、广东省、广西壮族自治区和云南省，它以南的区域就是热带，一年中有 300 多天的温度都在 10℃以上，热带植物和动物种类繁多。

这里还有两处面积虽小却很重要的地方——香港特别行政区和澳门特别行政区。香港和澳门为了增加土地，都曾填海造地。香港机场就是填海建造的。那澳门呢？一半的土地都是填海造出来的。

完全置身在热带的海南省陆地面积不大，却管辖着南海的西沙群岛、中沙群岛和南沙群岛以及周围的南海海域。算上这些海域，海南的面积有 200 多万平方千米！在海南，最常见的是椰树，最珍贵的是黄花梨，最好看的是黎族风情，最好吃的当然是数不清的热带水果啦！

黎族吹鼻箫

黎族打柴舞

独特的南国风光

来领略南国风光的独特韵味吧！先从“中原”河南省开始。历史上各个王朝的人都争着抢着要占领河南，洛阳是十三朝古都，开封为八朝古都。离开河南往南走，就到了“千湖之省”——湖北省，为什么这么说呢？因为湖北省境内面积百亩以上的湖泊有 800 多个，小的更是不计其数。

龙门石窟

白马寺

湖北省的南边是湖南省，它们之间有一片湖——洞庭湖，两省就是因处在洞庭湖南北而命名的。洞庭湖边有一座非常有名的楼阁，叫岳阳楼。

岳阳楼之所以闻名天下，是因为李白、杜甫、李商隐、欧阳修、范仲淹等文人都曾为它作诗作文，尤其是范仲淹的《岳阳楼记》，使它闻名于世。

岳阳楼

欧阳修　范仲淹　李白

从湖南省往西，可以去贵州省看奇形怪状的石林和中国第一瀑布——黄果树瀑布，可以到重庆市和四川省吃火锅，还可以体验少数民族的别样风情。世居云南省的少数民族多达25个，这也是中国民族最多的地区。这些地方有许多可爱的“国宝级”动物，比如大熊猫、金丝猴、红腹锦鸡等。

黄果树瀑布

夫妻肺片

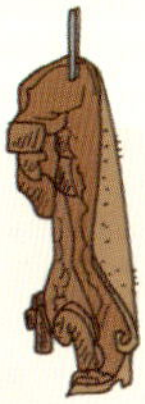

四川腊肉

冷锅串串香

火锅

叶儿粑

金丝猴

熊猫

湖南省往东还有安徽省、江西省和福建省，那里有什么？“天下第一奇山”——黄山、景德镇的精美瓷器，以及面朝大海的鼓浪屿。

景德镇瓷器

黄山怪石、奇松

西北地区

位置

大兴安岭以西，长城和昆仑山—阿尔金山以北。

地形

以高原和盆地为主。

气候

干旱少雨。

特色

草原和荒漠。

西北地区的中国之最

中国最大的盆地：
塔里木盆地

中国最大的沙漠：
塔克拉玛干沙漠

中国最长的内陆河：
塔里木河

中国陆地海拔最低的地方：
艾丁湖

中国最热的地方：
吐鲁番

吐鲁番火焰山

辽阔草原和雄浑大漠

大家对西北地区的印象是什么呢？我想一定是干旱。由于深居内陆，西北地区的年降水量从东到西依次递减，从 400 毫米往西减少到 200 毫米，甚至到 50 毫米以下。自然景观从东向西是草原、荒漠草原、荒漠。所以在这里，你能看到“天苍苍，野茫茫，风吹草低见牛羊”的辽阔草原和“大漠孤烟直，长河落日圆”的雄浑大漠。

干旱的西北地区远比我们想象得更美丽。塞上江南——河套平原，瓜果绿洲——河西走廊，准噶尔盆地、塔里木盆地和柴达木盆地上不只有沙漠和梭梭树，还蕴藏着煤、石油、天然气等矿产资源。当然，也许小朋友更喜爱的是吐鲁番的葡萄。

青藏地区

位置

横断山脉以西，昆仑山脉—祁连山脉以南，南至国界。

地形

青藏高原。

气候

高寒气候。

特色

平均海拔在 4000 米以上。

高个子的青藏地区

青藏地区在青藏高原上。青藏高原平均海拔在4000 米以上，是世界上海拔最高的高原，被形容为“世界屋脊”。在那里，天很高，云很淡，但氧气的浓度很低，初到这里的人会感到头痛、呼吸困难，这就是高原反应。

高原吸氧

不适的环境使得人们干起活来很费力，还好有牦牛帮忙。牦牛能帮助人们上山渡河，其粪便还可以作为燃料。

牦牛

美景总在绝险处，明镜般的纳木错、雄伟壮观的卡若拉冰川、青海湖鸟岛上数以万计的鸟儿和可可西里的多种珍稀野生动物组成了这里绝美的风景。当然，你也可以乘火车沿着青藏铁路去西藏，遥望雄伟的布达拉宫。

可可西里自然保护区

青藏铁路

布达拉宫

那座山有多高

你听过愚公移山的故事吗？

愚公的门前有座大山，出来进去都要绕道，实在太不方便了。于是愚公决定靠自己和家人以及子孙后代的力量，一点一点铲平大山，连通外面的世界。

来给山峰比比“个子”吧！

我国是一个多山的国家，在山区，很多人家打开门就能看到山。你家附近有山吗？那些山有多高？算不算高山、大山呢？其实，要了解一座山的高度，我们需要先知道一个概念——海拔。

海拔是以海平面为基准、高出海平面的垂直高度。例如世界最高峰珠穆朗玛峰，海拔超过 8848 米。如果从海平面垂直登上珠穆朗玛峰峰顶，比在运动会上跑 8000 米还要远呢！

长江： 全长 6397 千米
注入： 东海

长江索道

黄河： 全长 5464 千米
注入： 渤海

羊皮筏子

那条河有多长

澜沧江： 全长 4909 千米
注入： 南海

黑龙江： 全长 4370 千米
注入： 在俄罗斯的尼古拉耶夫斯克注入鄂霍次克海

“孤帆远影碧空尽，唯见长江天际流。”长江浩浩荡荡地向天边流去，那它得有多长呀？长 6397 千米，长度仅次于非洲的尼罗河和南美洲的亚马孙河，是世界第三长河、中国第一长河。除了长江，我国还有哪些源远流长的大江大河呢？它们又为我们孕育了哪些生命，带来了怎样的风景呢？

梭梭树

我国的河流众多，有注入海洋的外流河，也有与海洋不相通的内流河。我国的地势西高东低，所以大多数河流都是从西向东流向海洋的。

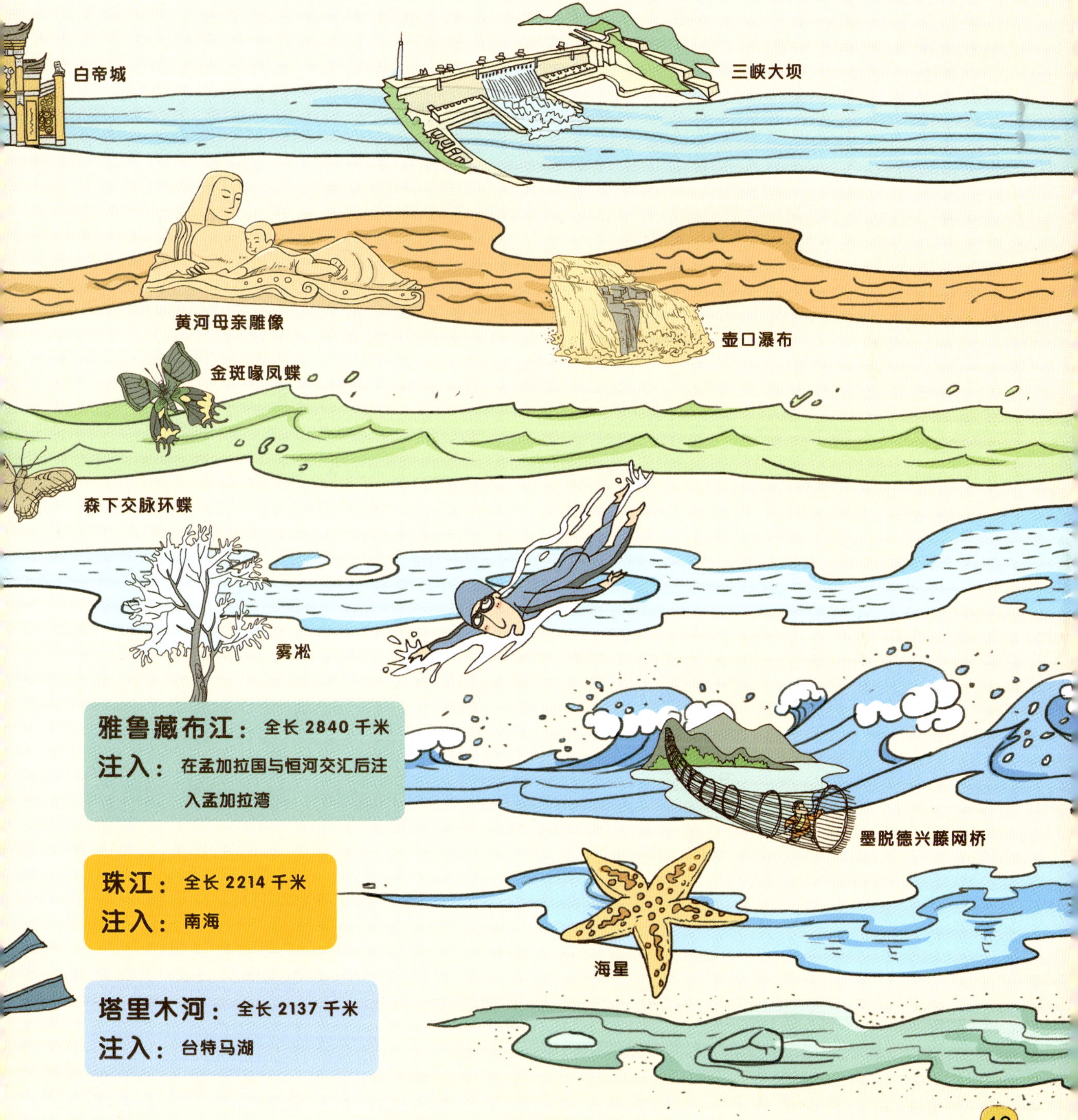

雅鲁藏布江： 全长 2840 千米

注入： 在孟加拉国与恒河交汇后注入孟加拉湾

珠江： 全长 2214 千米

注入： 南海

塔里木河： 全长 2137 千米

注入： 台特马湖

为什么南方热，北方冷

你见过大雪吗？喜欢堆雪人、打雪仗吗？

如果你是北方的孩子，一定对雪不陌生。北方的冬天气温大多在0℃以下，河面结冰，天空飘雪，一片冰雪世界的景象。

可是南方很少下雪，因为南方的气温常年在0℃以上。当北方的人们穿着厚厚的羽绒服，与寒风作斗争的时候，南方的人们还在享受着温暖的阳光。

同样都在中国，为什么温度相差这么大呢？

这是因为地球是圆形的，每个地方接收到的太阳热量并不是一样的。以赤道为中心，越靠近北极和南极的地方，温度就越低。

中国处于地球的北半球，所以整体上越往北气温越低。

同样是寒假的某一天，你可能在做什么？各地的小朋友又可能在做什么呢？

大自然的守卫者
——勇敢的植被

小朋友，你去踏青时有没有仔细观察过身边的植被呢？它们多种多样，有贴近地面的“小矮人”，有耸立云霄的“巨人”；有叶子如针的树木，也有叶大如扇的林木。为什么会这样呢？这和我国南北温度差异密切相关。

我国从北到南分布着针叶林、落叶阔叶林、常绿阔叶林和热带雨林。

落叶松

针叶林以松、杉等为主，树叶如针，分布在冬季严寒的地方。

落叶阔叶林中的植物叶子大一些，多分布在四季分明的地方，到冬天的时候，它们的叶子会掉光，树干变得光秃秃的。

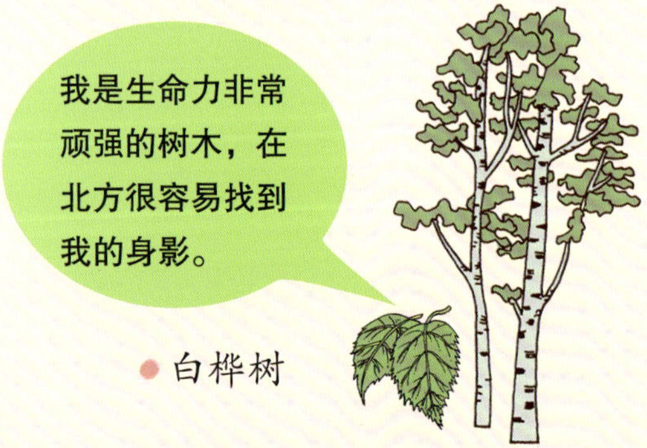

白桦树

银杏

常绿阔叶林中的植被四季常绿，但分布在气候比较炎热、湿润的地方。

山茶

热带雨林里的植被种类繁多，终年常绿，植物高大，叶大如扇。热带雨林分布在高温多雨的地方。

橡胶树

我国从东向西因干湿度不同，植被又有不同。东部温暖湿润，大多是草原；西部炎热干旱，多为荒漠，那里的植物都非常耐旱。

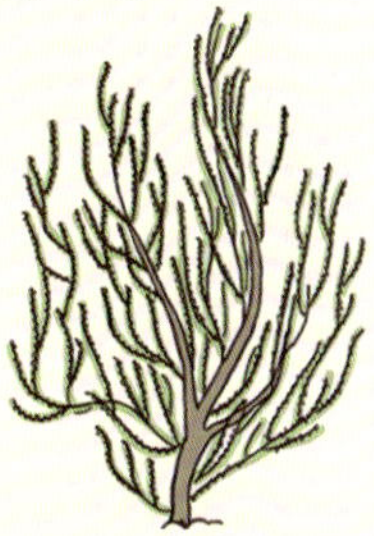

梭梭树

梭梭树是荒漠里的生态保护神，耐干旱，生命力极其顽强。它的种子是世界上寿命最短的种子，只能存活几个小时，但只要有一点点水，种子在两三个小时内就会生根发芽。

胡杨

可爱的珍稀动物

小朋友，你喜欢去动物园吗？那里有威武的大象、可爱的大熊猫、敏捷的小猴子，还有许多漂亮的鸟儿，实在是太有意思了！

我国的部分野生动物

你有没有感到好奇，这些动物来动物园之前，是在哪里生活的呢？其实每个动物都有自己原本的家，比如大象的家在气候温暖的云南，大熊猫的家在西南地区的高山深谷，鸟儿的家有的在山野里，有的在海岛上。

野牦牛

云豹

雪豹

华南虎

动物原本自由自在地生活在大自然里，可是因为人类的滥捕滥杀，还有环境变化等原因，许多动物逐渐失去了自己的同伴，也失去了自己的家园。

那些数量极度稀少而珍贵的野生动物，我们称之为珍稀野生动物。保护珍稀野生动物是我们每个人的义务和责任。让我们认识和了解这些可爱的野生动物并一起来保护它们吧！

我国已经灭绝的野生动物

台湾云豹

白鳍豚

中国犀牛

亚洲猎豹

住房的艺术——民居

你观察过自己生活和居住的地方吗？这些地方的周围有什么？一座座高耸入云的大楼，还是一片片红砖白墙的平屋？或许你不相信，世界上并不是只有这两种房子。放眼四方，到处都是令人惊叹的民居建筑！

我国幅员辽阔，地理环境不同，地方文化不同，也就诞生了不同的民居风格。

·北方地区

四合院

北方常见的房屋样式，以北京的四合院最为典型。四合院整体像一个四四方方的盒子，东南西北四个方向都有房间，将庭院围在中间。

窑洞

在黄土高原，人们利用黄土不易崩塌且干燥的特点，开凿窑洞居住。

江南水乡的民宅

·南方地区

江南多河，人们的住宅往往前面通街，后面临河，家家户户的后门都有台阶下到河面，大人可以在水里洗菜、洗衣，孩子可以在水边嬉戏玩耍，这些一起构成了独特的水乡景观。

吊脚楼

在多山的少数民族地区，人们为了通风防潮和避免野兽侵袭，往往把住宅建成下部架空的样式，这种样式称为“干栏式”。吊脚楼就是干栏式建筑的一种，上层住人，下层作为牲畜棚和堆放杂物。

·西北地区

蒙古包

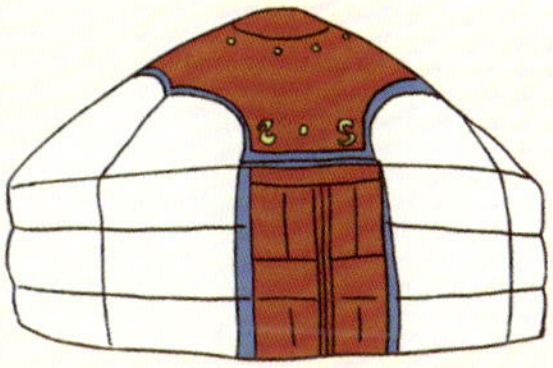

移动住宅说的就是它，因为多为蒙古族使用，所以叫蒙古包。蒙古包外面有个圆形的毡包，里面用木条做框架，拆装方便，可以把它驮在马背上跟随主人迁徙。

·青藏地区

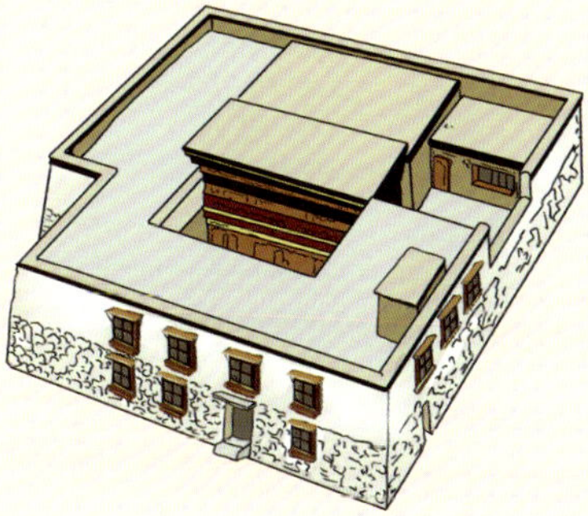

碉房

藏族地区特有的建筑形式，主要用石头垒造而成，外观像封闭的小四合院，房屋分两到三层，中央有个小天井。

你乘坐过这样的交通工具吗

我们的国家地形多样，高原、丘陵、盆地、平原、湖泊和江河广布，有的地方平坦宽阔，有的地方崎岖不平，有的地方沙漠绵延，有的地方山环水绕，所以各个地方的人们为了出行便利，创造出属于自己的交通工具，快来看看你都乘坐过没有。

长江索道

位于重庆，是我国自行设计制造的长江上第二条大型跨江客运索道，是俯瞰（kàn）长江景色的最佳交通工具。

勒勒车

又叫大轱辘车，车轮高大，能载上千斤的货物，是蒙古族为了适应经常在草原上迁徙的生活而制造的交通工具。

乌篷船

江南水乡，河流纵横，阴雨连绵，乌篷船应运而生。

骆驼

沙漠中重要的交通工具，它们能够在没有水的条件下生存两周。

爬犁

东北三省的冬季漫长，冰雪覆盖，用没有轮子的爬犁最适合不过了。爬犁贴地的一面非常光滑，用很小的拉力就可以快速前行。

牦牛

生长在青藏高原的牦牛最适应高原上严寒缺氧的环境，驮着上百斤的货物，一天走 20 千米的路也不用休息。

羊皮筏子

用羊皮制成的渡河工具。黄河水流湍急，礁石林立，羊皮筏子不仅不怕碰撞，而且浮力很好，操作灵活。

令人欲罢不能的中国美食

小朋友，你听过“靠山吃山，靠水吃水”这句话吗？这是古人总结的关于“吃”的精髓。我国幅员辽阔，地域广博，每个地方都有不一样的山水，也孕育了不同的饮食文化。

自然给了我们什么，我们就吃什么。比如黑龙江的三江水乡，鱼是重要的食物，而往西到了内蒙古草原，羊肉就成了最常见的美食。

现在交通越来越便利，我们随时都可以吃到来自全国乃至世界各地的美食。你是爱吃的“小吃货”吗？你喜欢哪些食物，知不知道它们来自哪里呢？

四大菜系

我国饮食文化源远流长，各地风味自成体系，其中鲁菜、川菜、粤菜、苏菜被视为传统的“四大菜系”。

鲁菜

鲁菜起源于山东，历史悠久，以清香、鲜嫩、味醇著称，代表菜品有糖醋鲤鱼、宫保鸡丁（鲁系）、九转大肠等。

苏菜

苏菜即江苏菜，重视保持菜的原汁，风味清鲜，浓而不腻。代表菜品有三套鸭、狮子头、金陵盐水鸭等。

清蒸蟹粉狮子头

蟹黄汤包

松鼠鳜（guì）鱼

盐焗鸡

梅菜扣肉

粤菜

粤菜即广东菜，发源于岭南，现在世界各地的中餐馆多以粤菜为主。代表菜品有烤乳猪、白灼虾、白切鸡等。

白切鸡

烤乳猪

川菜

川菜起源于四川、重庆，以麻、辣、鲜、香为特色，代表菜品有鱼香肉丝、麻婆豆腐、回锅肉等。

重庆火锅

担担面

毛血旺

夫妻肺片

酸辣粉